# New York

## Reiseführer

*Der perfekte Reiseführer für Ihren Aufenthalt in New York inkl. Insider-Tipps und Packliste*

## Marie Becker

Alle Ratschläge in diesem Buch wurden sorgfältig erwogen und geprüft. Eine Garantie kann dennoch nicht übernommen werden. Eine Haftung für jegliche Personen-, Sach- und Vermögensschäden ist daher ausgeschlossen. Die Benutzung dieses Buches und die Umsetzung der darin enthaltenen Informationen erfolgt ausdrücklich auf eigenes Risiko.

# ✈ INHALT

# Das erwartet Sie in diesem Buch

Keine Stadt ist so einzigartig wie New York City. So viel ist sicher. Nicht umsonst haben unzählige Künstler versucht, den besonderen Flair des Big Apple in ihren Liedern einzufangen. Zwischen Sirenen, Gehupe, dem unverwechselbarem Geruchsmix aus Subway und Hot Dogs und diesem gewissen Nervenkitzel über allem strahlt New York City vor allem eines aus: Einzigartigkeit und Abenteuer. Es ist die Stadt der großen Gegensätze. Unzählige grüne Parks sind umzingelt von der

Wucht grauer Wolkenkratzer. Auf den Straßen trifft man Menschen aller Nationalitäten, Religionen und Einkommensklassen. Hier vergeht fast kein Tag ohne eine Filmproduktion an der nächsten Straßenecke, die Eröffnung einer neuen, atemberaubenden Ausstellung oder dem großen Karrieresprung des Straßenmusikers von nebenan. Es ist eine Stadt im ständigen Wandel.

In diesem Reiseführer begeben wir uns an die Sets verschiedener Schauplätze aus Film und Serie sowie an die Lieblingsorte der New Yorker, die kaum ein Tourist bisher gesehen hat. Ich zeige Ihnen die besten Adressen für jedes Hungerlevel und gebe Insider-Tipps für Unternehmungen und Unterkünfte preis. Da eine Reise zum Big Apple schnell teuer werden kann, finden Sie außerdem die besten Spartipps, um das Portemonnaie zu entlasten. Von Musicaltickets zum halben Preis bis hin zu kostenlosen Museen oder den günstigsten Möglichkeiten, um von A nach B zu kommen, sind die besten Insider-Tipps zusammengefasst.

Mit all ihrer Vielfalt besticht die Stadt durch ihre Wandelbarkeit in den verschiedenen Jahreszeiten. Im Sommer brühend heiß und energiegeladen, im

Winter ein verschneites Wunderland mit einzigartigem Charme. Die Entscheidung, wann Sie Ihre Reise antreten, dürfte nicht leicht werden. Freuen Sie sich auf die schönsten Highlights und entscheiden Sie selbst, wann es sich für Sie am meisten lohnt, die Stadt kennenzulernen, und tauchen Sie ein in den berühmten New York way of life.

# Das Leben im Big Apple

Um die Stadt mit all ihren Besonderheiten, Eigenarten und Bräuchen zu verstehen, muss man zuerst wissen, dass sie selbst in Gänze ein einziges, facettenreiches Highlight ist. New York City ist international und weltoffenen. Hier leben so viele Kulturen und Nationalitäten auf engstem Raum wie sonst kaum irgendwo auf der Welt. Jedes Viertel hat seine eigene Geschichte. Hier lernt man nur durch das Beobachten des Lebens auf den Straßen eine Menge über die eigene Identität.

Menschen kleiden sich verrückt und zeigen, was sie lieben. Zwischen Brokern auf der Wall Street wandern hier aufstrebende junge Künstler durch die Straßen. Skateboarder mit wagemutigen Stunts reihen sich an Philosophen und Dichter mit Diktiergerät in der Hand, gefolgt von Breakdancern und Musikern mit dem Traum vom großen Durchbruch. Es kann schwer werden, mit dieser Stadt Schritt zu halten. Deshalb ist es empfehlenswert, sich hin und wieder treiben zu lassen und den Vibe der Stadt bestmöglich aufzunehmen. Je nach Länge der Reise sollte das mindestens einmal auf die To-do-Liste. Einfach los zu spazieren und mit einem Kaffee in der Hand die Stadt entdecken, geht hier nämlich wunderbar.

# New Yorker in a nutshell

Einheimische New Yorker haben in Amerika nicht gerade den besten Ruf. Auf den ersten Blick wirken sie schnell arrogant, unhöflich und überstürzt. Dabei sind die meisten bei näherer Betrachtung sehr hilfsbereit, humorvoll und voller Liebe für ihre Stadt. Der negativ behaftete erste Eindruck entsteht vermutlich dadurch, dass die Locals sehr ungeduldig sind.

Angetrieben von den überteuerten Mieten und dem ständigen Erwartungsdruck ihrer Stadt sind sie oft sehr hektisch unterwegs, warten an der Ampel selten auf Grün, stibitzen sich die Taxis und nehmen ihr Essen immer to go mit. Was ich an New Yorkern allerdings sehr schätze, ist ihre Offenheit für Neues und ihre unbeschwerte Art, Dinge sowohl pragmatisch als auch mutig anzugehen. Wer selbst offen und neugierig durchs Leben geht, der wird hier kein Problem haben, neue Leute kennenzulernen.

Ein weiteres, schönes Attribut der New Yorker ist, dass in der Regel jeder eine spannende Geschichte zu erzählen hat. Ich hatte in einem Café in Soho ein Gespräch mit meinem Tischnachbarn, dass mir sehr im Kopf geblieben ist. Ich saß dort und las einen Artikel aus der New York Times bei einem Stück Kuchen. Der Mann beobachtete mich eine Weile recht auffällig und sprach mich dann auf den Politik-Teil an, den ich gerade las. Er war um die fünfzig, sehr geschmackvoll gekleidet und hatte einen grauen Dutt, was ihn ein wenig wie einen rüstigen Modedesigner wirken ließ. Er wollte meine Meinung zur kommenden Wahl wissen. Auf meine Aussage, dass ich nur zu Besuch in Amerika war, begannen wir ein Gespräch über politische Unterschiede zwischen Deutschland und den Vereinigten Staaten.

Insbesondere das Gesundheitssystem in Deutschland lobte er sehr und erzählte, dass seine Mutter früh verstarb, weil sie sich keine Chemotherapie gegen ihren Krebs leisten konnte. Seine Kindheit war dadurch stark geprägt und Geld fehlte an jedem Ende. Er hatte das als Antrieb genommen, um Politik zu studieren und später bessere Umstände für die finanziell schlechter gestellten Einwohner der Stadt schaffen zu können. Tatsächlich kandidierte er gerade für den Kongress.

Begegnungen dieser Art sind in New York City keine Seltenheit. Vermutlich bedingt dadurch, dass die Stadt Menschen mit großen Träumen auf den Plan ruft. Sein Sie also möglichst unvoreingenommen, wenn sich doch mal ein Local die Zeit nimmt, seinen Kaffee nicht to go zu bestellen und Sie in einen Small Talk verwickeln möchte.

# Leben wie ein New Yorker

**M**an könnte in New York City die Urlaubstage gut und gern nur mit dem Besuch der klassischen Sehenswürdigkeiten und dem Abklappern von Hardrock Cafés verstreichen lassen. Das wäre aber sehr schade, weil es kaum eine Stadt gibt, die eine derartige Vielfalt abseits des Times Square zu bieten hat wie der Big Apple.

In den folgenden Kapiteln finden Sie eine Zusammenfassung der lohnendsten Touristen-Hotspots, schönsten Orte, die in keinem Reiseführer vorkommen, sowie ein paar der beliebtesten Cafés und Restaurants der Locals und die besten Unterkünfte.

## TOURISTEN-HOTSPOTS UND WARUM SIE TROTZDEM EINEN BESUCH WERT SIND

New York City ist bekannt für seine Sehenswürdigkeiten. Kaum eine andere Stadt wird so stark über sie definiert. Deswegen sind die bekanntesten Attraktionen zum Großteil der Zeit so überlaufen mit Schaulustigen, dass schnell der Zauber am Besuch verloren geht. Einheimische findet man selten auf dem Times Square oder dem Empire State Building. Allerdings gibt es einige Hotspots, die man trotzdem nicht verpassen sollte.

**Brooklyn Bridge**
Bekannt aus Film und Fernsehen erfreut sich die Brooklyn Bridge jedes Jahr an dem Besuch von Millionen von Touristen. Sie verbindet – wie der Name schon sagt – Manhattan mit Brooklyn. 13 Jahre hat die Erbauung des sogenannten "8. Weltwunders" gedauert und jedes Jahr zieht die Brücke mehrere

Millionen Besucher an. Aus diesem Grund ist die Brücke zu den Stoßzeiten immer recht überlaufen. Wer dort einen ausgiebigen Spaziergang machen möchte, sollte dies also im Idealfall bei Sonnenaufgang machen. Bei schönem Wetter ist der Anblick so gleich doppelt imposant. Tipp: Die meisten Touristen starten ihren Gang über die Brücke von Manhattan aus in Richtung Brooklyn. So hat man allerdings die atemberaubende Skyline von Manhattan immer im Rücken. Fahren Sie deshalb am besten mit der U-Bahn bis zur High Street Station in Brooklyn und laufen Sie zurück nach Manhattan.

### Eine Überfahrt mit der Staten Island Ferry

Auch hier gilt: Wer früher fährt, steht weniger gedrängt. Die Fähre fährt von Manhattan nach Staten Island und bietet auf ihrer Überfahrt einen wunderschönen Blick auf die Freiheitsstatue und Ellis Island. Auf der Rücktour bietet sich außerdem der schöne Blick auf die Manhattan Skyline – und das alles gratis. Viel besser als eine Stunde Wartezeit und ein Tagesticket, um sich die Freiheitsstatue anzusehen. Von April bis September lohnt sich die Überfahrt zwischen 6:30 bis 9:30 Uhr besonders. Die Fähre legt 24 Stunden am Tag ab und die maximale

Wartezeit beträgt in der Rush Hour 30 Minuten. Um zur Fähre zu gelangen, eignet sich die U-Bahnlinie 1 oder R bis zur South Ferry Station am besten.

Sollte Ihnen der Blick auf die Freiheitsstatue vom Wasser aus trotzdem nicht genug sein, können Sie von Battery Park ein Schiff nach Ellis Island nehmen. Der erste Stopp ist hier die Liberty Island, auf welcher die "Lady Liberty" zuhause ist. Der zweite Stopp ist Ellis Island. Für die Geschichtsinteressierten befindet sich auf Ellis Island das National Museum of Immigration, welches den Einwanderungsprozess aus Sicht der Immigranten Schritt für Schritt veranschaulicht.

Abgelegt wird alle 30 Minuten zwischen 9 und 17 Uhr vom Office der Circle Line im Castle Clinton in Battery Park. Am besten erreichbar mit der Subway-Linie 1 zur South Ferry Station oder 4 und 5 nach Bowling Green.

**Der Central Park**
Der Park wird auch die "grüne Lunge" New Yorks genannt und ist nicht nur für Touristen ein absolutes Highlight. Die New Yorker nutzen ihn im Sommer gern, um Sonne zu tanken und sich zu bräunen, Inlineskates zu fahren, zu rudern, zu joggen und um

auf kostenlose Freiluftkonzerte zu gehen. Der Park ist so groß wie eine Kleinstadt, hat einen eigenen Zoo und diverse künstlich angelegte Seen. Wo im Sommer mit Inlineskates die Runden gezogen werden können, kann man im Winter vor imposanter Kulisse Schlittschuh laufen gehen: Wollman Rink im Osten des Parks, zwischen 62nd und 63rd St. (mehr dazu unter "Auf den Spuren von ... – die berühmtesten Drehorte hautnah").

Der Park eignet sich perfekt, um nach einem langen Spaziergang durch das Getümmel der Stadt ein wenig abzuschalten. Fast das ganze Jahr hindurch finden sich hier Straßenmusiker und Musikstudenten, die hier teilweise auf Konzertniveau ihre Stücke spielen.

## High Line Park

Dieser Park im Meatpacking-District, errichtet auf einer stillgelegten Hochbahntrasse, ist schon längst kein Geheimtipp mehr. Wo in den 30-er Jahren Fleisch von A nach B transportiert wurde, finden sich heute Flohmärkte, Ausstellungen, Fotoworkshops und Cafés. Besonderes Flair bietet sich hier, da man hoch über dem Boden zwischen all den Wolkenkratzern flanieren und nach Belieben auf

einer der umstehenden Sonnenliegen oder Wiesen-
abschnitte abschalten kann.

**Gut zu wissen**:
Falls Sie sich das Treiben auf der High Line einmal
ganz entspannt ansehen wollen, gibt es einen größeren Wiesenabschnitt an der "23rd Street Lawn & Se-
ating Steps". Von dort aus gibt es auch Graffitikunst
zu sehen. Um zum Eingangsbereich des High Line
Park zu kommen, gehen Sie zur 34th Street zwischen
der 11th Avenue und der 12th Avenue. Hier kommt
man über eine Rampe zum Park, was die High Line
gleichzeitig barrierefrei macht.

**Times Square**
Er ist bunt, laut, überwältigend und vor allem sehr
überlaufen. Wer trotzdem einen guten Blick auf die
riesigen Reklametafeln werfen möchte, ohne anderen Schaulustigen in die Hacken zu laufen, der sollte
sich abends auf einen Drink in eine der vielen
Rooftop-Bars setzen. Besonders empfehlenswert ist
die St. Cloud Rooftop-Bar, von der aus man einen
wunderschönen Ausblick auf das wilde Treiben auf
dem Times Square hat. Die Bar befindet sich im obe-
ren Bereich des Knickerbocker-Hotels und bietet

Sitzmöglichkeiten für drinnen und draußen. Somit ist sie auch im Winter immer einen Besuch wert. Das Knickerbocker-Hotel befindet sich direkt am Times Square, an der Ecke Broadway und 42nd Street.

## SOCIAL MEDIA FREMD – GEHEIMSPOTS FERNAB VON INSTAGRAM

### Central Park Waterfall

Ein perfektes Beispiel dafür, um aufzuzeigen, wie riesig der Central Park ist. Neben den Hauptknotenpunkten, die von Touristen und Locals häufiger angelaufen werden, gibt es auch einige "hidden spots", wie den Wasserfall gegenüber vom Public Pool an der 110th Street & Lenox Avenue. Hier verirren sich so gut wie nie Touristen her und man kann den Ausblick auf einen der künstlich angelegten Wasserfälle des Parks ungestört genießen. Sogar Schildkröten schwimmen hier im New Yorker Trinkwasser.

### The Cloisters und Fort Tryon Park

Diesen Ort kennen selbst die meisten Locals nicht. Inmitten des wunderschönen Fort Tryon Parks findet man dieses Museum, welches unzählige

Artefakte, Kunstgegenstände und Manuskripte beherbergt. Das Museum gehört zum Metropolitan Museum of Art, nur ist es aufgrund seiner Unbekanntheit nicht einmal im Ansatz so überlaufen. Das Gebäude selbst ist ein Hingucker, da die Architektur eher an eine Szene aus Game of Thrones erinnert. Der dazugehörige Fort Tryon Park eignet sich perfekt für einen ausgiebigen Spaziergang. Während die meisten Menschen den Central Park besuchen, um der Großstadt für einen Moment zu entfliehen, kommen die Locals zum Fort Tryon Park, um den Menschen zu entfliehen, die der Stadt entfliehen. Gelegen in den grünen Washington Heights, im Norden von Manhattan, kann man hier nur schwer glauben, dass man sich noch immer in New York befindet. Der Park ist gespickt mit Gärten und wunderschönen Aussichten entlang der Linden Terrace. Erreichen kann man den Fort Tryon Park, indem man mit der Metro A bis zur 190. Straße fährt oder sich eines der City-Räder leiht und entspannt entlang des Hudson bis zum Museum radelt.

**Domino park**
Dieser Park wurde erst vor Kurzem errichtet und gilt deswegen noch nicht als so hochfrequentiert wie die

meisten New Yorker Parks. Er wurde auf dem Gelände einer ehemaligen Zuckerfabrik errichtet und gewährleistet einen herrlichen Blick auf die Manhattan Skyline. Der Park ist ein absoluter Hotspot für Locals aus Brooklyn und Lower Manhattan, die hier gern auf dem knapp 24.000 Quadratmeter großen Gelände auf den Grünflächen liegen, die Freeride-Fläche oder Skateparks nutzen, Spielplätze mit ihren Kindern besuchen, Volleyball in dem eigens dafür angelegten Feld spielen oder das dort ansässige Restaurant Tacocina besuchen. Des Weiteren hat die Stadt New York hier ein gemeinschaftliches Urban Gardening Projekt ins Leben gerufen. Auf einer riesigen Fläche direkt an der Wasserkante werden hier für die Öffentlichkeit Blumen, Obst und Gemüse angepflanzt. Inmitten der Fläche befindet sich eine Bar, bei der man im Sommer den Blick auf die Skyline mit einem Glas Wein genießen kann. Besonders schön: Vor allem in puncto Design ist dieser Park ein Highlight. Teile der alten Zuckerfabrik wurden erhalten und als besonderes Stilelement in den Park integriert.

## Delmonico's

Gelegen im historischen Financial District, ist das Delmonico's allein schon als Bildkulisse ein Geheimtipp. Die komplette Gegend entlang der Wall Street ist geprägt von wunderschönen Altbauten aus den 30-er Jahren und beeindruckenden Wolkenkratzern. Hier lohnt es sich, die Straßen etwas auf und ab zu spazieren. Und wer für seinen Besuch gern einmal etwas vornehmer essen gehen möchte, sollte dem Restaurant Delmonico's auch von innen einen Besuch abstatten. Hier gibt es gehobene Küche für jeden Geschmack. Allerdings wird vor Ort darum gebeten, sich dem Anlass entsprechend zu kleiden. Also rein in die Ausgeh-Kleider und hinein in den schönen Financial District.

## Freeman's alley

Diese versteckte Gasse kennen teilweise nicht einmal die Bewohner des Viertels. Die Freeman's Allee liegt zwischen der Bowery und Chrystie Street und besticht durch eine Vielzahl an kleinen, wandernden Kunstgalerien und Street Art, sowie einem versteckten Restaurant am Ende der Gasse. Das Restaurant allein ist schon einen Besuch wert, da es ein wenig an ein Wohnzimmer in den 50-er Jahren erinnert.

Nebenbei ist der French-Toast in dem Lokal sehr empfehlenswert.

## Grand Central Whispering Gallery

Fast schon versteckt inmitten des Grand Central Terminals liegt die romantische Whispering Gallery oder auch "Flüster-Galerie". Zwischen den vier imposanten Torbögen, welche vor der Oyster Bar mit Restaurant gelegen sind, bildet sich eine ganz eigene Akustik. Stellen sich zwei Personen vor jeweils einen gegenübergelegenen Torbogen und flüstern sich etwas mit dem Gesicht zur Wand zu, wird die Person auf der anderen Seite selbst bei dem leisesten Geräusch deutlich verstehen, was gesagt wurde, als würde man nebeneinander stehen und miteinander reden.

## Pier 35 am East River

In der Mitte vom Downtown Manhattan Heliport und der Brooklyn Bridge läuft man die East River Esplanade entlang, bis man die Brooklyn- und Manhattan-Bridge passiert hat. Dort findet man den kleinen Pier 35, welcher mit Schaukeln und einem traumhaften Blick auf die Manhattan- und Brooklyn-Bridge aufwarten kann. Dieser Ort ist vor allem bei

Sonnenuntergang absolut empfehlenswert, da er nie überlaufen ist und ein einmaliges Bild abgibt.

### Secret Loft in Greenwich Village

Selbst für all diejenigen, die es nicht so mit illegalen Raves haben und nichts davon halten, 5 Minuten vor der Veranstaltung zu erfahren, zu welcher Adresse sie müssen, hält The Secret Loft auf angenehme Art und Weise einiges an Überraschungen bereit, ohne den klebrigen Nebengeschmack von Verbotenem. Die Veranstalter sind eine Reihe an hochrangigen Künstlern aus diversen Genres, welche mithilfe ihrer Gemeinschaft erstklassige Events zu bezahlbaren Ticketpreisen anbieten. Hier gibt es einen Mix aus Stand-Up-Comedy, Tanz, Politik-Roasts, literarischen Events, und Live-Musik. Sie erreichen das Secret Loft an der 137 W 14th Street auf der 2. Etage.

# VON CUPCAKE BIS FISCH-TACO – DIE GAUMENHIGHLIGHTS DER LOCALS

Da sich New York City aus so vielen verschiedenen Kulturen und Nationalitäten zusammensetzt, findet man hier auf den Straßen absolute Highlights aus aller Welt. Ob mexikanisch, französisch, italienisch oder klassisch amerikanisch – hier ist für jeden Gaumen etwas dabei. Bevor wir zu den einzelnen Local Favorites kommen, muss man allerdings eins über die Esskultur der New Yorker wissen: Mit Abstand am höchsten im Kurs steht hier das Brunchen. Jedes Wochenende wird es in beinahe jedem Café und Restaurant angeboten.

Brunchen gehört zu New York City wie der Fisch ins Wasser. Auch gern in Kombination mit alkoholischen Getränken wie Sekt und Champagner satt. Wer also direkt in das New Yorker Leben eintauchen möchte und auf den Spuren der Locals wandeln will, der schnappt sich am besten ein paar Begleiter, sucht sich ein passendes Lokal und gönnt sich ein paar Gläschen, während man beim neuen Klatsch Rührei und Bacon verköstigt.

Gut zu wissen: Ein absoluter Geheimtipp ist die Seite www.bitcheswhobrunch.com. Hier hat man es sich zur Aufgabe gemacht, die besten Brunch-Angebote der New Yorker Lokale zu bewerten, Empfehlungen abzugeben und je nach Filtereinstellungen Vorschläge für Brunch-Gesuche zu unterbreiten.

Wichtig: Da das Brunchen überall sehr beliebt ist, lohnt es sich meistens, frühzeitig zu reservieren.

## Georgetown Cupcake Bakery

Wer nach New York City kommt und sich nicht mindestens einmal einen Cupcake von Georgetown's holt, ist selbst schuld. Die Cupcakes hier sind eine Klasse für sich. Das erste Mal habe ich einen Cupcake aus der Bakery in Washington DC probiert und war ein paar Minuten sprachlos. Die Cupcakes sind mit nichts vergleichbar, was ich an Desserts bisher gegessen habe. Allein die Sorten sind hochgradig ansprechend, wechseln immer wieder und sind wahre Geschmacksexplosionen. Dass die Bakery jetzt auch einen Shop in Soho eröffnet hat, war absehbar. Von Red Velvet über Erdnussbutter Fudge, gesalzenes Karamell oder Himbeere/Schokosplit – neben einem festen Sortiment wechseln die Sorten täglich und sind so unbeschreiblich gut, dass ich vor ein paar

Jahren mit dem Gedanken gespielt habe, mir eine Schachtel der Cupcakes per Schiff und mit 150 $ Versandkosten nach Deutschland liefern zu lassen. (111 Mercer Street)

## ABC Kitchen

Hier habe ich an meinem letzten Abend meines Auslandsjahres in New York City gegessen. Seitdem ist es eines meiner liebsten Restaurants. Es hat eine wunderschöne Atmosphäre und fantastisches Essen. Hier trifft man häufiger Promis beim Abendessen. Sehr empfehlenswert ist das Crab Toast, der Calamari, jede Hauspasta, der Cheeseburger und der berühmte Schokoladenkuchen. (35 E 18th Street)

## Lincoln Ristorante

Dieses Restaurant hat einen Michelin Stern und ist damit nicht gerade die preisgünstigste Wahl, allerdings gibt es kaum besseres italienisches Essen in der Stadt. Insbesondere die Pasta ist der Grund dafür, dass man immer wieder hierherkommt. Für die Nachteulen gibt es im Lincolns ebenfalls exzellente Cocktails. (142 West 65th Street)

**Amorino**

Das Amorino hat das beste Eis, was ich in New York City je essen durfte. Da das Eis hier nicht wie üblich im Becher oder in schlichten Kugeln in einer Waffel angereicht, sondern auf die Waffel gestrichen wird, kann man sich hier so viele Sorten auf sein Eis setzen lassen, wie man möchte. Am Ende hat man ein Eis in wunderschöner Blütenform in so vielen Geschmacksrichtungen, wie man möchte. Da das Amorino von den Locals eine Zeit lang sehr gehyped wurde, hat es mittlerweile mehrere Geschäfte in der Stadt. (721 8th Ave)

**Café Habana**

Das kubanische Restaurant ist mittlerweile ein gesetzter Hotspot bei den Locals und befindet sich in einer belebten Ecke von Nolita. Hier ist es immer voll. Die beliebtesten Gerichte im Habana sind unter anderem der Fisch-Taco, der Maiskolben mit Chili-Topping und Pulled-Pork-Sandwiches. Am besten bestellt man sich zu seinem Essen eine Margarita und kommt entweder zum Brunch oder Abendessen. Beide Optionen sind herausragend. (17 Prince Street)

## Doughnut Plant

Das Gegenstück zur Georgetown Cupcake Bakery. Hier gibt es die besten Doughnuts New York Cities. Ich nehme mir bei jedem Besuch vor, nur 2 bis 3 Doughnuts mitzunehmen und laufe jedes Mal mit einer ganzen Box aus dem Laden. Aber jede einzelne Kalorie ist es wert, gegessen zu werden. Besonders empfehlen kann ich Très Lèches, Carrot Cake, Brooklyn Blackout und Fudge Brownie. (379 Grand Street)

## Ippudo Westside

Dieses Lokal lässt die Herzen der Ramen-Fans höherschlagen. Unter Locals ist das Restaurant so beliebt, dass man sich nur Chancen auf einen spontanen Platz ausrechnen kann, wenn man direkt nach Öffnung oder außerhalb der Stoßzeiten herkommt. Ansonsten muss man sich schonmal auf eine 2-stündige Wartezeit einstellen. Das Restaurant ist mittlerweile mehrmals in der Stadt vertreten. (Beliebtestes Lokal an der 321 W 51st Street)

## Los Tacos No. 1

Inmitten vom Chelsea Market gibt es hier die besten klassischen Tacos der Stadt. Ganz im Sinne des mexikanischen Street Foods gibt es im Los Tacos No. 1

keine Tische. Hier wird das Essen klassisch auf die Hand gereicht. Bei schönem Wetter lässt es sich allerdings gemütlich draußen im Park auf der gegenüberliegenden Straßenseite am 10th essen. (229 W 43rd Street)

**Num Pang Sandwich Shop**
Wie der Name vermuten lässt, gibt es hier eine Vielzahl an wirklich guten Sandwiches. Besonders das Pulled-Pork-Sandwich ist ein Highlight. Der Laden hat mittlerweile mehrere Läden in der Stadt. (140 E 41st Street)

**Misi**
Dieses Restaurant hält es schlicht – und köstlich! Die Speisekarte beinhaltet gerade einmal 20 Gerichte, wobei 10 davon aus Pasta bestehen und 10 aus Gemüsevariationen. Was allerdings gar nicht schlicht ist, ist die Qualität der Speisen. Das Crostini mit angeschmorter, marinierter Paprika und Ricotta war erschütternd gut. Ebenfalls probieren sollte man die Aubergine mit Chili, Zitrone und Olivenöl. (329 Kent Ave)

## The Modern Bar Room

Dieses Lokal ist in der Nähe des MoMA und besticht durch sein fantastisches Ambiente und den exzellenten Service der Mitarbeiter. Neben richtig gutem Essen werden hier auch erstklassige Drinks serviert. (117 E 60th Street)

## Mile End Delicatessen

Dieses Lokal ist einer der Favoriten der Locals. Hier gibt es lediglich 6 Sitzplätze und man kann dem Koch dabei zusehen, wie er die Eier in der Pfanne in die Luft schmeißt und wieder auffängt, Hash Browns grillt und bei Möglichkeit einen Plausch mit Gästen hält. Die Bagels im Mile End sind übrigens so hervorragend, dass sie einen Platz auf jeder Top-Zehn-Liste in New York City verdienen. (97 Hoyt Street)

## Lucali

Was Lucali so besonders macht, ist, dass die Pizzen in diesem Laden das Gegenteil von hip, raffiniert und aufwendig sind. Man geht in den Laden und hat die Wahl zwischen einer einfachen Margaritha oder einer Pizza mit einer einzigen Zutat als Belag. Hier stehen beispielsweise Knoblauch, gegrillte Aubergine oder Basilikum zur Auswahl. Jede Option kann man auch als Calzone ordern. (575 Henry Street)

## Locanda Verde

Dieses Lokal sieht genau so aus, wie es sich anhört. Es ist groß, dunkel möbliert, hat sehr hohe Decken und eine sehr einladende Auswahl von Alkohol auf einer Anrichte. Locanda Verde liegt im Herzen von Tribeca und macht die beste Pasta der ganzen Stadt. Dieses Restaurant bietet den perfekten Rahmen für jeden Anlass. Egal, ob erste Dates, Familienessen, ein Brunch oder ein Geschäftsessen: Hier wird man nie enttäuscht. (377 Greenwich Street)

## Roberta's

Das Roberta's war einmal der Geheimspot in Brooklyn, bis es sich zum Geheimspot New York Cities gemausert und mittlerweile wieder ein wenig an Hype eingebüßt hat. Das liegt allerdings in keiner Weise an dem köstlichen Essen, was man hier bekommt. Das Lokal ist groß und hip eingerichtet und bringt eine eigene Energie mit sich.

Im Sommer kann man es sich hinten an den Picknick-Tischen im Hinterhof gemütlich machen, im Winter verwandelt das Personal diesen Bereich in eine Art Ski-Hütte. Besonders empfehlen kann ich hier der geröstete Süßkartoffel-Chili mit Buttermilch. Die Pizzen sind ebenfalls ein absolutes

Highlight, da sie sehr teigig und mit feuriger Tomatensoße bestrichen sind. (570 Lexington Ave)

## Momofuku Noodle Bar

Dieses Lokal war das erste der Kette, welches 2004 in New York City eröffnet hat und mehr als ein Jahrzehnt später steht es immer noch hoch im Kurs. Hier gibt es entgegen dem Namen nicht nur Nudelgerichte. Berühmt ist das Lokal für seine Pulled-Pork-, Shrimp- und Shiitake-Buns. (171 1st Ave)

## Rockaway Taco

Das Rockaway Taco ist eine große Strandbar, welche den besten Fisch-Taco der Stadt serviert. Alles, was einen guten Taco perfekt macht, wird hier in Queens mit Liebe zelebriert. Man erhält riesige Fischportionen, kombiniert mit der idealen Mischung aus Kohl, würziger Aioli, Radieschen und Guacamole. (302 Beach 87th Street)

## Cosme

Das Teilen der Speisen gehört hier zum guten Ton und ist Teil der Erfahrung im Cosme. Hier vereinen die Inhaber ihre mexikanischen Wurzeln mit einem Touch lokaler New Yorker Raffinesse und regionalen Zutaten. Das Restaurant hat es 2018 nebenbei bemerkt auf Platz 25 der 50 besten New Yorker Restaurants geschafft. (35 E 21st Street)

## RUHE FINDEN IN DER SCHLAFLOSEN METROPOLE – DIE BESTEN UNTERKÜNFTE

Das der Big Apple nicht gerade ein günstiges Reiseziel ist, sollte mittlerweile ja bekannt sein. Trotzdem ist eine Reise immer lohnend. Insbesondere das Übernachten ist verhältnismäßig kostspielig, macht aber gegebenenfalls aus, wie sehr Sie Ihre Reise genießen können.

Da jeder möglichst günstig verreisen möchte, findet man im Internet viele Artikel zu Hotels, die ihre Zimmer für unter 100 € die Nacht anbieten. Irgendeinen Abstrich muss man an dieser Stelle allerdings immer machen und daher gilt für Unterkünfte im Big Apple, dass man das bekommt, was man bezahlt.

New York City hat mehr als 8,6 Millionen Einwohner, die sich einen verhältnismäßig kleinen Raum zum Leben teilen müssen. Als Vergleich: Die meisten wissen, wie schwierig es ist, freie

Wohnungen in Berlin zu finden. New York hat bei 8,6 Millionen Einwohnern eine Fläche von 783,8 km², während Berlin mit rund 3,6 Millionen Einwohnern gerade einmal 100 km² mehr zur Verfügung hat. Behalten Sie das bei der Hotelsuche am besten im Hinterkopf und wundern Sie sich nicht, wenn die Hotelzimmer deutlich kleiner ausfallen, als man das in Deutschland gewohnt ist.

Wenn man zu der hohen Bevölkerungsdichte dann noch die jährlich 65 Millionen Touristen dazurechnet, versteht man vielleicht, warum es hier kaum günstige Hotels gibt.

Wichtig ist beim Beginn der Hotelsuche, dass man sich die Frage stellt, in welchem Bezirk man gern übernachten möchte. Das richtet sich in der Regel danach, worauf man bei seinen Reisezielen den Fokus setzt. Möchte man eher alle touristischen Highlights sehen oder liegt das Interesse vielleicht eher da, die Stadt möglichst nah an den Locals zu erleben?

New York City setzt sich zusammen aus Manhattan, Brooklyn, der Bronx, Queens und Staten Island. Wen es nicht stört, einen etwas weiteren Anfahrtsweg auf sich zu nehmen, der kann auch in New

York City eine recht kostengünstige Unterkunft finden. Wenn Sie allerdings Wert auf einen gewissen Komfort bei einem fairen Preis-Leistungs-Verhältnis legen und gern mitten im Geschehen sind, dann ist es ratsam, etwas tiefer in die Tasche zu greifen.

Im Schnitt bekommt man ab 200 € ein schönes Mittelklasse-Hotel in vernünftiger Lage. Je günstiger die Hotels, desto schlechter die Qualität oder Lage. Für unter 100 € lässt sich kaum ein vernünftiges Hotel mit guter Lage finden. Wer Wert auf Qualität und Komfort legt, ist mit 300 bis 400 € pro Nacht dabei. Einen weiteren Faktor beim Preis der Unterkunft spielt mitunter auch die Reisezeit. Wie überall sonst auf der Welt zahlt man in der Nebensaison deutlich weniger als in der Hauptsaison. Die günstigsten Zimmerpreise gibt es im Januar, Februar, Juli und August. April, Mai, September und Oktober dagegen schlagen sich deutlich auf die Preise nieder.

Ebenfalls gut zu wissen ist, dass der Staat New York eine Übernachtungsgebühr erhebt. Im Einzelnen sind das 14,75 Prozent, plus 3,50 Dollar Steuer pro Nacht auf ein Zimmer. In der Regel ist diese Gebühr bei den Buchungen noch nicht enthalten und wird am Ende der Reise aufgerechnet.

Wer in New York ein Zimmer buchen möchte, sollte zum einen so früh wie möglich buchen, um den Preis gering zu halten und nicht die Ausschussware nehmen zu müssen, weil alle anderen Hotels ausgebucht sind und möglichst minimalistisch packen.

Zwei große Koffer pro Person werden Sie in den New Yorker Hotelzimmern selten unterbekommen, ohne beim Verlassen des Zimmers mit Anlauf darüber zu springen. Außerdem ist es ratsam, vor der Buchung darauf zu achten, dass sich in nächster Nähe eine Subway-Station befindet.

Gut zu wissen: Diese Übersicht macht es Ihnen vielleicht leichter, sich für einen Bezirk zu entscheiden:

**Midtown**: Für First-Timer
**Upper East Side**: Zwischen Luxus und Central Park
**Chelsea & Greenwich Village**: Dicht an den Locals
**Soho & Lower** Eastside: Für Szeneliebhaber
**Queens**: Für Sparfüchse

## Midtown – für First-Timer

Die wichtigsten Sehenswürdigkeiten sind hier fußläufig zu erreichen. Von Times Square bis Empire State Building ist hier alles dicht gelegen. Für Spaziergänger ist dieser Stadtteil also ideal. Auch andere Bezirke lassen sich von hier gut erreichen. Ebenfalls von Vorteil ist, dass hier alle wichtigen Subway-Linien fahren, was der Mobilität noch einmal zugutekommt.

## Vorteile von Midtown:

- sehr zentral
- bestens angebunden
- eine Vielzahl an Hotels für jedes Budget
- Sehenswürdigkeiten in unmittelbarer Nähe

## Nachteile von Midtown:

- hier sind keine Locals ansässig
- weniger Szene-Restaurants
- Touristen können anstrengend sein
- unter Umständen ist der Lärmpegel in den Unterkünften höher

## Besonders empfehlenswert:

Erwähnenswert ist das Citizen M Hotel. Dieses Hotel gibt es sowohl am Times Square als auch in der

Bowery. Hier gibt es nur eine Zimmerkategorie und absolut identische Zimmer mit moderner Ausstattung, welche absolut ausreichend sind für einen schönen Aufenthalt.

(www.citizenm.com/destinations/new-york/)

Eine günstigere Alternative bietet das Pod 51. Nicht einmal ganz 2 km vom Times Square entfernt und bei Frühbuchung mit Zimmern knapp unter 100 € die Nacht kann man dieses Hotel als richtiges Budgethotel bezeichnen. Erwarten Sie bei der Zimmergröße allerdings nicht zu viel.

(www.thepodhotel.com/pod-51/)

Etwas teurer, aber dafür schicker und in direkter Nähe zum Bryant Park, liegt das Refinery. Die Zimmer hier sind für New Yorker Verhältnisse ziemlich groß. Das Hotel verfügt über eine Rooftop-Bar und exzellentes Frühstück.

(www.refineryhotelnewyork.com)

**Upper East Side – zwischen Luxus und Central Park**
Ideal für alle, die es gern etwas ruhiger haben, morgens gern eine Runde im Central Park joggen gehen möchten und Kulturliebhaber sind. Von hier aus lassen sich nämlich die renommiertesten Museen in New York City schnell erreichen. Die Upper East Side

gilt als wohlhabendes Viertel. Mit diesem Klischee wird in Film und Fernsehen auch gern gespielt. Schaut man sich allerdings die Menschen ein wenig genauer an, die morgens oft mit Privat-Chauffeur von A nach B gebracht werden, wird klar, dass das Vorurteil nicht von ungefähr kommt. Beim Übernachten in diesem Teil sollte das allerdings weniger stören.

Die gesamte Umgebung sieht architektonisch sehr schön aus, die teuren Boutiquen bestimmen die Straßen und der Central Park ist nie weiter als einen Steinwurf entfernt. Die 5th Avenue entlang des Central Parks wird auch die „Museum Mile" genannt. Hier stehen die beliebtesten Museen der Stadt. Vom Guggenheim Museum über das MoMa und das jüdische Museum eröffnet sich hier eine wahre Kulturhochburg.

**Vorteile von der Upper East Side:**
• museumsnah

• Central Park vor der Haustür

• Lärmpegel ist verhältnismäßig niedrig im Vergleich zum Rest der Stadt

**Nachteile von der Upper East Side:**
• das Leben ist hier preisintensiver
• südliche Sehenswürdigkeiten sind etwas weiter weg

**Besonders empfehlenswert:**
Für alle, die Wert auf geräumige Zimmer legen, ist das Affinia Gardens eine gute Adresse. Die Zimmer und die Lage überzeugen durch und durch. Mit einem durchschnittlichen Zimmerpreis von 270 € pro Nacht ist es definitiv kein Schnäppchen mehr, allerdings stimmt hier das Preis-Leistungs-Verhältnis. (www.affinia.com/gardens-suites-hotel)

**Chelsea und Greenwich Village – dicht an den Locals**
Dieser Stadtteil ist für alle optimal, die keinen Wert darauflegen, die klassischen Sehenswürdigkeiten zu besuchen, weil sie sie entweder schon kennen oder keine Lust auf Touristen haben. Auch hat man hier den Vorteil, dass man dicht am „echten Leben der New Yorker" ist.

Hier sind neben den Locals auch viele Künstler und Straßenmusiker ansässig. Vor allem in den Parks kann man sich hier sehr schön vom bunten New Yorker Treiben unterhalten lassen. Auch die

Bar- und Restaurantszene ist in diesem Stadtteil sehr gut vertreten.

**Gut zu wissen:**
Hier lohnt es sich, sowohl sich ins Clubleben im Meatpacking-District zu stürzen als auch einen Comedy-Club im Village zu besuchen. Viele talentierte Comedians probieren hier für sehr wenig bis kein Geld ihre Gags aus. Auch die Jazzszene ist im Village sehr stark vertreten.

**Vorteile von Chelsea & Greenwich Village:**
- hier findet das „echte" New Yorker Leben statt
- großartige Restaurants für jede Preisklasse
- stylische Hotels zu fairen Preisen
- beste Anbindungen an den Süden

**Nachteile von Chelsea & Greenwich Village:**
- Touristen-Hotspots sind nicht mehr fußläufig erreichbar
- Lärmpegel kann etwas höher ausfallen

**Besonders empfehlenswert:**
Im The Jane gibt es bereits Zimmer für 73 € die Nacht und das Hotel ist sehr sauber und vernünftig gelegen. Allerdings teilen Sie sich hier unter Umständen ein Badezimmer und die Zimmer sind wirklich

sehr klein. Für Gäste, die damit kein Problem haben, ist dieses Hotel allerdings sehr zu empfehlen. (www.thejanenyc.com)

Das Arlo Soho ist auch bestens angebunden und hat teilweise sehr schöne, große Zimmer. Dafür kostet hier eine Nacht in einem Zimmer mit europäischen Größenverhältnissen 370 € pro Nacht. (www.arlohotels.com/arlo-soho/rooms/)

Mein Favorit ist das The Standard Hotel@High Line. Ich bin zwar voreingenommen, weil die High Line einer meiner liebsten Plätze in New York ist, aber dieses Hotel hat wirklich ein sehr gutes Preis-Leistungs-Verhältnis und eine anständige Zimmergröße. Das Hotel liegt direkt auf der High Line und liegt mit einem Zimmerpreis von 240 € die Nacht für ein Standard-King-Size-Zimmer im grünen Bereich. Direkt im Meatpacking-District gelegen, sind Sie hier perfekt angebunden, um tagsüber in schönen Parks spazieren zu gehen und abends ins Nachtleben einzutauchen. (www.standardhotels.com/new-york/properties/high)

**Soho und die Lower East Side – für Szeneliebhaber**

Diese Bezirke gelten mit ihren gusseisernen Bauten als absolute Trendviertel. Außerdem sind hier zahlreiche Kunst- und Designläden ansässig. Da diese Bezirke als Wohngegenden der Locals dienen, stehen hier keine renommierten Sehenswürdigkeiten.

Wie bei Vierteln üblich, in denen mehr Locals als Touristen vertreten sind, findet sich hier eine Vielzahl an sehr empfehlenswerten Restaurants, Bars und Boutiquen für jede Preisklasse. Ein weiterer Vorteil ist, dass anliegende Bezirke fußläufig sehr gut zu erreichen sind. In Soho und der Lower East Side hat man es nicht weit bis Little Italy, China Town oder Bowery, welche viele der Geheimspots der Locals beherbergen.

**Vorteile von Soho & East Village:**
• Leben neben den Locals
• Bar- und Restaurantszene ist hip und innovativ

**Nachteile von Soho & East Village:**
• etwas schlechtere Anbindung

**Besonders empfehlenswert:**
Das Ridge Hotel ist mit Zimmern ab 100 € pro Nacht bei schönem Design und akzeptabler Zimmergröße

ein wirklich empfehlenswertes Budgethotel. Die Anbindung ist mehr zufriedenstellend. (www.ridgehotelnyc.com)

Im Sohotel wurde einiges des Charmes von der Eröffnung 1805 erhalten und durch einige Modernisierungen aufgewertet. Das Hotel rühmt sich mit seinen unschlagbaren Preisen und hat bei wirklich sehr schönen Zimmern einen Durchschnittspreis von 130 € pro Nacht. (www.thesohotel.com)

Gelegen im trendigen Little Italy findet man mit dem Nolitan Hotel ein sehr schönes Hotel für durchschnittlich 140 € pro Nacht. Hier vereint man Shabby Chic mit Industriedesign und findet Zimmer mit akzeptabler New Yorker Größe.
(www.nolitanhotel.com)

### Queens – für Sparfüchse

Queens macht das Portemonnaie glücklich und ist durch seine gute Anbindung mit der Subway theoretisch nur eine Viertelstunde von Midtown entfernt. Mehr als 200 € pro Nacht kosten selbst die wirklich schönen Hotels in der Regel nicht und damit ist Queens eine sehr gute Option für all diejenigen, die ihr Geld lieber in Aktivitäten stecken möchten als in ihr Hotel.

**Vorteile von Queens:**
- wesentlich günstiger als Manhattan
- gut nach Mid Town angebunden
- direkter Blick auf die New Yorker Skyline

**Nachteile von Queens:**
- außerhalb von Manhattan
- starke Abhängigkeit von der Subway

Im The Local Hostel bekommen Sie ein Einzelzimmer bereits ab 92 € pro Nacht. Das Hotel hat eine sehr gute Bar im Haus und besticht durch sein sehr freundliches und hilfsbereites Personal. (www.thelocalny.com)

The Paper Factory in Queens ist wunderschön durchdesignt und bietet schöne Zimmer für den schmalen Taler an. Eine Nacht in einem der geräumigsten Zimmer mit dem besten Ausblick kostet hier im Schnitt gerade mal 100 €. (www.thecollective.com/locations/paper-factory)

Ein weiterer Geheimtipp ist das Boro Hotel. Dieses Hotel bietet nicht nur ein ganztägig offenes Fitnessstudio im Hotel und Zimmer mit direktem Blick auf die New Yorker Skyline, sondern hat das beste Preis-Leistungs-Verhältnis. Für einen zweiwöchigen

Aufenthalt in einem King-Size-Zimmer mit Ausblick zahlt man hier ohne weitere Goodies gerade mal 600 €, wenn man zu zweit reist.
(www.borohotel.com)

### Ist Airbnb eine gute Alternative zu Hotels?

Airbnb ist für die meisten die Adresse Nummer Eins auf der Suche nach einer bezahlbaren Unterkunft inmitten der Stadt. Sie vereinen sowohl den Charme zu leben wie ein Local als auch eine bezahlbare Übernachtungsmöglichkeit. In New York City sollten Sie allerdings dringend davon absehen, ein Airbnb zu buchen.

Grund dafür ist die – wie oben bereits erwähnt – unzumutbare Wohnungssituation für die Einheimischen. Airbnb ist als wirklich gute Idee auf den Markt gekommen. Man kann sich überall auf der Welt wie zuhause fühlen und dabei unbekümmert Urlaub machen. Mittlerweile wird das Konzept oft ausgenutzt, um Wohnungen ganzjährig als Ferienwohnungen für Touristen zu nutzen, wobei die Betreiber entweder professionell Ferienwohnungen vermieten oder Einzelpersonen sind, die das Airbnb als 2.- oder 3.-Wohnung nutzen und ziemlich gutes Geld daran verdienen.

Das hat zur Folge, dass die ohnehin schon unzumutbare Wohnungssituation in der Stadt noch schlimmer geworden ist als vorher. Locals können sich das Leben in den beliebten Vierteln kaum noch leisten und so werden die beliebten Bezirke langsam zu Touristenvierteln. Daher sollte man es sich zweimal überlegen, ob man sein Geld in ein unwesentlich günstigeres Airbnb investieren möchte oder lieber gleich in ein Hotel geht.

Was viele nicht wissen – seit 2016 sind die meisten Airbnb illegal in New York City.

Ja, es gibt Ausnahmen, aber diese Ausnahmen stehen in keiner Weise in Konkurrenz zu guten Hotels. Als konkreter Vergleich: Ein kleines WG-Zimmer ohne Fenster kostet in New York City zwischen 1700 und 3500 Dollar im Monat. Da gerade Studenten diese WG-Zimmer beziehen würden, ist so eine Miete für niemanden ohne Rücklagen oder reiche Familienmitglieder erschwinglich.

Da die Situation sich durch Airbnb noch verschärft hat, hat der Staat New York strenge Richtlinien gegen das Unternehmen beschlossen. Ausgenommen von dem Verbot sind lediglich Wohnungen, bei denen maximal 2 Personen übernachten, während der Mieter der Wohnung ebenfalls anwesend ist. Bei Airbnb werden diese Wohnungen klassisch als Privatzimmer kategorisiert.

## AUF DEN SPUREN VON ... – DIE BERÜHMTESTEN DREHORTE HAUTNAH

New York City ist ganz oben auf der Location-Liste der Filmemacher aus aller Welt. Wann immer ein urbanes Szenario benötigt wird, sind die Location-Scouts schon auf dem Vormarsch in den Big Apple. Grund dafür ist zum Teil die Wandelbarkeit der Stadt. Hier lassen sich sowohl Kitsch und Romantik als auch Gefahr und Drama verbildlichen. Manhattan ist beeindruckend, etwas überladen und schmutzig,

Harlem das klassische Arbeiterviertel, während Downtown durch seine massiven Hochhäuser besticht und Coney Island einen wunderschönen Strandabschnitt bieten kann. Alle Drehorte aufzuzählen, die es gibt, würde den Rahmen sprengen. Allein der Central Park wurde in mehr als 250 Filmen gezeigt.

## Upper Manhattan/Harlem

Die Gegend um Harlem ist geprägt von wunderschönen Brownstone Bauten. Grund genug für Hollywood, dem Viertel häufiger einen Besuch abzustatten. Erker und Steintreppen schmücken hier das Straßenbild. Hier war auch der Wohnsitz und Hauptdrehort von Johnny Lee Miller, dem Darsteller des Sherlock Holmes aus der Serie Elementary.

## Upper West Side

Die Upper West Side kommt beinahe in jeder einzelnen Szene des Films "E-Mail für dich" mit Tom Hanks und Meg Ryan vor. Die Einkaufsszene wurde im berühmten Zabar's Supermarkt an der 2245 Broadway gedreht, Meg Ryan wartet im Café Lalo an der 201 West 83rd Street mit ihrem Lieblingsbuch "Stolz und Vorurteil" und der purpurroten Rose auf ihren geheimen Verehrer und das Happy End des Films findet im Riverside Park statt. Das Café Lalo ist übrigens allein schon für seine Süßspeisen einen Besuch wert, welche für New York City zu bezahlbaren Preisen angeboten werden.

Am Rande des Central Parks findet sich das American Museum of National History, welches aus zahlreichen Filmen bekannt ist und selbst den weniger geschichtlich-interessierten Besuchern nachhaltig im Kopf bleibt. Neben dem riesigen Titanosaurus-Skelett in der Eingangshalle und vielen weiteren spannenden Artefakten der amerikanischen Geschichte wurde hier Nachts im Museum mit Ben Stiller gedreht. Besonders familienfreundlich: Seit dem Kinoerfolg des Films bietet das Museum für Kinder hin und wieder sogar Übernachtungen an.

Aber nicht nur von innen wurde das Museum häufiger im Kino gezeigt. Draußen auf den Treppen des Eingangsbereiches wurde die Benefiz-Party-Szene aus Der Teufel trägt Prada mit Meryl Streep und Anne Hathaway gedreht.

Ein weiterer, beliebter Drehort ist die Wollman Rink-Bahn im Central Park. Wo im Sommer auf Skates Runden vor den Wolkenkratzern Manhattans gezogen werden, kann man im Winter Schlittschuh laufen gehen, wie unzählige Regisseure aus Film und Serie bereits porträtiert haben. Romantische Filme wie Love Story oder Weil es dich gibt nutzten diese schöne Kulisse bereits. Auch Fans der Serie Gossip Girl werden die Eisbahn sicherlich schnell wiedererkennen.

Um die Wollman-Rink-Bahn zu besuchen, nehmen Sie den Eingang 59th und 6th Avenue oder 59th and 5th Avenue.

## Midtown

Am südwestlichen Ende vom Central Park kommt man auf das Lincoln Center zu (10 Lincoln Center Plaza), bekannt aus dem Oskar-gekrönten Drama Black Swan, in dem Natalie Portman eine der imposantesten und dramatischsten Szenen ihrer Karriere gedreht hat.

Von hier ist es nur ein Katzensprung bis zur 5th Avenue. An der Ecke West 57th Street sah man Audrey Hepburn in dem All Time Klassiker Frühstück bei Tiffany.

Ein wenig weiter entlang der Fifth Avenue kommt man zum Stephen A. Schwarzman Building der New York Public Library (an der 5th Ave an der 42nd Street), bekannt aus dem Film zur Serie Sex and the City. Seit dem großen Erfolg des Films dürfen New Yorker tatsächlich in dem Hauptgebäude der Bibliothek heiraten.

Fast direkt gegenüber der New York Public Library ist die allseits bekannte und beliebte Grand-Central-Station. Dieser alte Bahnhof ist aufgrund seiner wunderschönen und geschichtsträchtigen Innenarchitektur eines der beliebtesten Filmmotive. So wurden hier beispielsweise Szenen aus Freunde mit gewissen Vorzügen mit Justin Timberlake und Mila Kunis gedreht oder Teile der Serie Quantico, welche ihre Geschichte um einen fiktiven Anschlag um diesen Ort herum schreibt.

Fans der Serie How I met your mother können im McGee´s Pub Serienstimmung an der 240 W 55th Street aufkommen lassen. Die Bar gilt auch als Inspiration für das Lokal „McLaren´s Pub", welches allerdings ursprünglich in Hollywood am Set gebaut wurde. Die richtige Atmosphäre wird hier trotzdem geboten, da das McGee´s viele Anspielungen an das Format in dem Pub aufgenommen hat. Neben vielen Bildern der Charaktere kann man hier in geselliger Runde beispielsweise einen Robin Sparkles-, Naked Man-, oder Ananas-Vorfall-Cocktail trinken. Für den etwas größeren Hunger sollte man außerdem den McGee´s Burger nicht verpassen.

### Greenwich Village & Washington Square Park

Der Jefferson Market Garden, gelegen zwischen 6th and Greenwich Ave W. 10th and Christopher Streets, sollte bei jedem Sex and the City Fan die Herzen höherschlagen lassen. An diesem Ort schaffen es Miranda und Steve, endlich zu heiraten. Ein weiterer beliebter Drehort der Serie, ist die Magnolia Bakery (401 Bleecker Street). Die Cupcake-Bäckerei wurde durch die Serie eines der beliebtesten Besuchsziele in New York City. Auch das Appartement aus der Serie Friends an der 90 Bedford Street, liegt in Greenwich Village. Vor dem Gebäude ist allerdings immer mit einer Horde Selfie-Jägern zu rechnen. Greenwich Village ist neben einer Vielzahl an Drehmöglichkeiten auch eine beliebte Wahlheimat für Schauspieler. Sein es Julia Roberts, Sarah Jessica Parker, Robert Downey Jr. oder Hugh Jackman.

**East Village**
Auf der anderen Seite des Washington Square Parks findet sich das East Village. Die Gegend ist geprägt von ihren anarchischen Ursprüngen. Hier stellte die linke Szene New Yorks ihre eigenen Regeln auf. Passend also, dass Regisseur Martin Scorsese an der 226 East 13th Street Szenen aus seinem Kultfilm Taxi-Driver abdrehte.

**Gut zu wissen:**

Wenn Sie gerade zu Besuch in New York City sind und wissen möchten, an welchen Ecken gerade gedreht wird, lohnt es sich, folgende Seiten im Blick zu behalten:

onlocationvacations.com listet alle Filme und Serien auf, die aktuell in New York City gedreht werden und vermeldet in Echtzeit Drehorte von der Community über einen eigenen Twitter-Account. backstage.com zeigt zudem noch eine Liste mit den jeweiligen Casts. Und wer weiß, vielleicht begegnet Ihnen unverhofft George Clooney, wenn Sie sich dort in der Nähe einen Kaffee holen.

# New York on a budget

Für viele ist der Big Apple ein absolutes Traumziel. Da allerdings bereits ein einziger Tag dort ziemlich ins Geld gehen kann, zögern einige Reisende mit der Buchung.

Insbesondere, da wir in einer Zeit leben, in der es aus ökologischer Sicht eigentlich nicht mehr akzeptabel ist, so weite Strecken mit dem Flugzeug nur für eine Woche zurückzulegen. Wie Sie trotzdem günstig nach New York City kommen und dort das Beste für wenig Geld aus Ihrem Aufenthalt herausholen, ist im Folgenden zusammengefasst.

Der vermutlich größte Tipp für Reisende ist Flexibilität. Wem die Reisezeit nicht so wichtig ist, der kann auch für wenig Geld nach Amerika fliegen und so schon einiges am Flug sparen. Gut ist es hier also, in der Nebensaison zu fliegen. Besonders eignen sich Januar und Februar, sowie die heißen Sommermonate Juli und August. Wer kein Problem damit hat, etwas weiter zu umliegenden Flughäfen Deutschlands anzureisen, der kann sich hier weit im Voraus oder sehr kurzfristig Hin- und Rückflüge für bereits 400 € sichern.

Es lohnt sich also gerade für Planungsfans, bei einem grob feststehendem Reisezeitraum, frühzeitig Flüge zu buchen und Preise auf www.skyscanner.de zu vergleichen. Zwar sind Januar und Februar die kältesten Monate mit Temperaturen um den Gefrierpunkt, dafür bieten Hotels, Hostels und Eventveranstalter zu dieser Zeit die günstigsten Deals für Unterkünfte und Aktivitäten wie beispielsweise Broadway Shows an. Juli und August schrecken viele Touristen ab, da die Temperaturen hier schnell die 30-Grad-Grenze knacken und New York City sich im Sommer anfühlt, wie ein siedender Topf Wasser. Abkühlung findet man hier allerdings genug, was einer Reise also in keinem Fall im Weg stehen sollte.

Am Flughafen angekommen können Sie einiges an Geld sparen, indem Sie statt eines Taxis den öffentlichen Nahverkehr in die Stadt wählen. Das gilt im Übrigen für alle 3 gängigen Flughäfen in New York. Ein Taxi nach Manhattan von La Guardia, Newark oder dem JFK kostet zwischen 40 und 75 Dollar, je nach Ankunftsort, während man mit dem Zug oder Bus maximal 15 Dollar zahlt.

**Gut zu wissen:**

Vom JFK: Wählen Sie den Air Train für gerade einmal 5 Dollar und fahren Sie zur Station Jamaika. Steigen Sie dort in die reguläre Metro um. Insgesamt kostet der Transfer von A nach B so lediglich 7,25 Dollar.

Von Newark: Für gerade einmal 15 Dollar lässt sich gutes Geld sparen, wenn Sie den Zug vom Bahnhof im Flughafen bis zur Penn Station in Manhattan nehmen. Im Vergleich zum Taxi sind Sie so sogar noch schneller.

Von La Guardia: Hier ist die beste Option der NYC Airporter Bus nach Manhattan. Eine Fahrt kostet gerade einmal 14 Dollar.

Endlich in Manhattan angekommen, sollten Sie sich Gedanken machen, wie Sie sich die nächsten Tage in der Stadt bewegen möchten. Sollten Sie die Subway präferieren, sollten Sie wissen, dass ein Einzelticket für die Subway 2,75 Dollar, ein 7-Tage-Pass 32 Dollar und ein 30-Tage-Pass 106 Dollar kostet.

Das ergibt unter Umständen wesentlich mehr Sinn, als unnötig Geld für Einzelfahrten auszugeben. Sollten Sie sich lieber fahren lassen wollen, ist es klüger, sich ein Uber zu rufen, anstelle eines Taxis. Am günstigsten lässt sich die Stadt allerdings immer noch zu Fuß erkunden. Da Manhattan mit seinen Hauptsehenswürdigkeiten sehr kompakt ist, lässt sich vieles sehr schnell mit Spaziergängen erreichen.

Wollen Sie es den Locals gleichtun, können Sie sich auch eines der vielen City-Räder ausleihen. Das ist besonders in den wärmeren Monaten lohnend. Für nicht einmal 10 Dollar pro Tag, können Sie den Drahtesel den ganzen Tag durch New York City führen und ihn am Abend an einer der unzähligen Rad-Stationen bequem wieder abstellen.

Ein weiterer Trick, um vor Ort viel Geld zu sparen, ist, sich im Vorfeld eine Reise-Kreditkarte zuzulegen, mit der Sie keine Fremdwährungs- und Auslandsgebühren zahlen müssen. Denn wer im Urlaub jedes Mal circa 10 Dollar zahlen muss, wenn er Geld abhebt, zahlt schnell bis zu 100 Dollar ins Leere. Zudem ist New York City auf Kreditkarten eingestellt. Sie ist so gut wie überall ein akzeptiertes Zahlungsmittel und teilweise lieber gesehen als Bargeld.

**Kostenlose Aktivitäten für jede Wetterlage**
Der Großteil der beliebtesten Sehenswürdigkeiten der Stadt ist kostenfrei. Vor allem die Parks sind hierbei sehr lohnend, da sie nicht die geballte Ladung Touristen anziehen und in den wärmeren Monaten noch einmal eigene, kostenfreie Events veranstalten. Aber auch ein Besuch des Times Square, der New York Public Library, des Grand Central Terminals oder des Strandes von Coney Island kosten nichts. Wer keinen Wert darauf legt, die Freiheitsstatue zu berühren, der kann sie kostenlos von der Staten Island Ferry begutachten (mehr dazu siehe Touri-Hotspots – und warum sie trotzdem einen Besuch wert sind)

Des Weiteren kann man die meisten Museen zu bestimmten Tageszeiten kostenlos besuchen, anstatt hohe Eintrittsgelder dafür zu zahlen. Ins MoMA kommt man freitags zwischen 16 und 20 Uhr kostenlos rein, anstatt die üblichen 25 Dollar für ein reguläres Ticket zahlen zu müssen.

Genauso beim Guggenheim Museum. Hier kann man samstags zwischen 17:45 und 19:45 selbst bestimmen, was man zahlen möchte und spart sich die 25 Dollar Eintrittsgeld.

Das 9/11 Memorial bietet dienstags ab dem späten Nachmittag freien Eintritt, anstelle des regulären 24 Dollar Ticketpreises. Für das Metropolitan Museum of Modern Art (Met) werden einem als Eintrittsgeld 25 Dollar vorgeschlagen. Umsonst sehen Sie es, wenn Sie an einer der kostenlosen Führungen teilnehmen. Und im International Center of Photography kann man donnerstags ab 16 Uhr den Eintritt selbst festlegen. Vorgeschlagen werden hier allerdings auch günstige 5 Dollar.

**New York City von oben**
Für einen großartigen Blick über New York City besuchen viele Touristen die Aussichtsplattform beim Top of the Rock im Rockefeller Center. Was die

meisten nicht wissen – zwei Etagen darunter befindet sich der Rainbow Room. Während man für die oberste Aussichtsplattform satte 25 Dollar zahlen muss, kostet Sie der Rainbow Room nur einen Cocktail. Den können Sie direkt von der Dachterrasse aus genießen – und das ganz ohne Touristen.

**Von Broadway-Show bis Gospelchor**
In New York City ist immer etwas los. Egal, ob Comedy Show, Konzert oder Food Festival. Mitunter können diese Veranstaltungen ziemlich ins Geld gehen. Da lohnt es sich, bei www.theskint.com vorbeizuschauen. Diese Seite hat es sich zur Aufgabe gemacht, spektakuläre und günstige Events unter die Menschen zu bringen. Hier bekommen Sie beispielsweise Tickets für Broadway-Shows für die Hälfte. Wer sich spontan entscheidet, kann direkt am Times Square (ab 15.00 Uhr) und am Southport Pier (ab 11.00 Uhr) im Ticket-Office von TKTS vorbeischauen. Hier werden Tickets um 20 % bis 50 % reduziert für denselben Abend verkauft.

Wer sich gern ein Sportevent im Big Apple ansehen möchte, der ist mit einem Spiel der New York Yankees gut beraten. Da eine Baseballsaison aus sehr vielen Spielen besteht, kosten die Tickets für die Profis um einiges weniger als beim Fußball oder Football. Im Durchschnitt bezahlt man für einen regulären Platz um die 13 Dollar.

Um ein Gefühl für die starke Verbundenheit der Amerikaner zu Gott und dem christlichen Glauben zu bekommen, lohnt es sich, einen der kostenlosen Gospel-Gottesdienste zu besuchen. Selbst für Atheisten ist das ein eindrucksvolles Erlebnis. Überzeugen können Sie sich beispielsweise in der Abyssinian Baptist Church in Harlem. Sonntags müssen Sie sich jedoch vor Start des Gottesdienstes, also weit vor 11 Uhr, in die lange Schlange einreihen. Eine angemessene Kleidung ist ebenfalls Voraussetzung und ein Zeichen von Respekt.

Sie wollten schon immer Teil einer bekannten, amerikanischen Talk Show sein? Die Aufzeichnung der Late Night Show mit Jimmy Fallon kann man sich gratis im Studio ansehen. Allerdings sollte man etwas Zeit einplanen und mindestens 2 Stunden vor Beginn der Aufzeichnung am Studio sein, da nur die ersten 100 Personen eingelassen werden

## Speisen für den schmalen Taler

Wenn New York City etwas kann, dann sind es günstige Mahlzeiten und Snacks an den Straßenecken. Egal, ob zum Frühstück oder als Mitternachtssnack. In der Stadt gibt es zu jeder Tages- und Nachtzeit sehr gutes und günstiges Essen an den Ständen oder Food Trucks. Aufgrund der durchmischten Nationalitäten in der Stadt gibt es hier so gut wie jede Richtung. Sei es asiatisch, mexikanisch oder – typisch für New York – amerikanisch mit dem klassischen Hotdog oder Burger. Das Korilla BBQ im East Village oder The Halal Guys an der Ecke 53rd & 6th zählen hierbei zu den beliebtesten Food Trucks.

Günstige und gute Cafés & Restaurants sind Russ & Daughters oder das Café Luluc in Brooklyn. Großartige und günstige Pizza gibt es im 2 Bros Pizza in St. Marks. Wer es mexikanisch mag, der ist bei Alma gut aufgehoben. Das Restaurant bietet neben einer großartigen Dachterrasse auch Mittag- und Abendessen ab 6 Dollar (187 Columbia Street, Brooklyn). Für Freunde des indischen Essens ist das Curry in a Hurry ein absoluter Geheimtipp. Snacks und Gerichte bekommt man hier schon ab 3 Dollar zu sehr guter Qualität (119 Lexington Ave FRNT 1).

# Ein Tag im Großstadtdschungel

**W**enn Sie von dem Überangebot in New York City überrannt werden, dann gehen Sie mit dem folgenden Beispielablauf definitiv auf Nummer sicher, einen unvergesslichen Tag zu erleben.

*5:00*

Auch wenn man sich im Urlaub ungern einen Wecker stellt, ergibt es gerade in New York City Sinn, den Tag früh zu beginnen. Schließlich gibt es hier unfassbar viel zu sehen. Und was für einen schöneren Start gäbe es, als den Tag mit einem Sonnenaufgang und den atemberaubenden Bauten von Manhattan und Brooklyn zu beginnen? Auch wenn es sich noch mehr lohnt, von Brooklyn nach Manhattan zu laufen, nehmen wir dieses Mal die andere Richtung. Denn wir sind auf dem Weg, um uns ein ganz besonderes Frühstück zu holen. Netter Nebeneffekt: Da es selbst für Touristen sehr früh ist, haben Sie die Brooklyn Bridge aller Wahrscheinlichkeit nach ganz für sich allein.

*6:00*

Weiter geht es ins hippe Williamsburg. Wie man weiß, frühstücken Amerikaner keine Brötchen, sondern präferieren Bagels mit Frischkäse und diversen Toppings. The Bagel Store in Williamsburg hebt die runden Teigkringel auf ein neues Level. Hier gibt es die sogenannten "Rainbow Bagel". Wie der Name schon vermuten lässt, werden sie in leuchtenden

Farben gebacken und anschließend ofenwarm mit Frischkäse bestrichen. Wer möchte, kann sich den Bagel nach Herzenslust mit Eiern, Tomaten, Bacon oder anderen Belägen garnieren lassen. (www.thebagelstoreonline.com)

*8:30*

Mit der Subway geht es von der Atlantic Avenue Barclays Center Station zurück nach Manhattan bis West 4 St-Washington Sq. Sta. Damit Sie den Tag über durchhalten, machen wir uns jetzt auf zu einem der besten Kaffee-Hotspots New York Citys. Gemeint ist das Caffe Reggio in Greenwich Village, direkt neben dem Washington Square Park. Hier steht die erste Cappuccino-Maschine der Welt und wie man sich jetzt schon denken kann, ist der Cappuccino in dem Laden sagenumwoben.

Auch das Interieur in diesem Café ist eine Klasse für sich. Industrial Design trifft den Charme der italienischen Renaissance. Eine Vielzahl von Gemälden, Kunstdrucken und Skulpturen schmückt diesen Ort und verleiht dem Kaffee eine andächtige Note. (www.caffereggio.com)

*09:30*

4 Minuten zu Fuß vom Caffe Reggio liegt der Washington Square Park, welcher einer der Lieblingsparks der Locals ist. Hier lässt es sich vor allem im Sommer wunderbar entspannen.

Ob auf einer Bank oder im Liegen mit einer Picknickdecke: Hier entkommt man der aufgeregten Großstadt für einen Moment. Zu ruhig ist es dann aber doch nicht, da man hier in den warmen Tagen des Jahres recht zuverlässig Jazzbands, Straßenmusiker und Violinisten findet. Der Park ist gerade für Studenten ein Hotspot, da die berühmte New York University – kurz NYU – direkt auf der gegenüberliegenden Straßenseite ihr Hauptgebäude hat.

*11:30*

Weiter geht es mit der Subway bis zur Canal Street ins bunte Chinatown. Chinatown liegt am südlichen Rand der Lower East Side und steht ganz im Zeichen seiner überwiegend asiatischen Einwohner. Hier gibt es nicht nur ein unfassbares Angebot an traditionell asiatischer Küche, sondern ein paar echte Geheimtipps, um nicht nur köstlich, sondern günstig zu essen. Nom Wah Tea Parlor ist eine der besten

Adressen für Dim Sum in Chinatown. Das Lokal gibt es seit über 100 Jahren in New York City und es hat sich aus gutem Grund gehalten.

Hier streiten sich die Locals regelmäßig um Tische. Da es ein ankreuzbares Menü gibt und die Portionen sehr günstig und nicht zu groß sind, bietet es sich an, einfach willkürlich ein paar Kreuze auf der Karte zu setzen und sich überraschen zu lassen, was einem später aus der Küche gebracht wird. Enttäuscht wird man hier sicher nicht. (www.nom-wah.com)

*13:30*

Gut gestärkt geht es mit der Subway M9 vom E Broadway/Catherine St weiter Richtung Essex St/Grand St. Keine 10 Minuten später steht man vor dem International Center of Photography Museum. Hier finden sich regelmäßig spannende Ausstellungen für jeden Geschmack und das zu sehr günstigen Konditionen.

Sei es eine Ausstellung über Notorious Big, die Lower East Side im Wandel der Zeit oder Ausstellungen bisher unbekannter, aber vielversprechender Fotografen. Im Gegensatz zu Museen wie dem MoMA oder dem American Museum of National History, bei denen es sich empfehlen würde, einen vollen Tag einzuplanen, ist das ICP die perfekte Wahl, um ein paar Stunden Eindrücke toller Fotografien zu sammeln und dann weiterzuziehen.

Schauen Sie am besten ein paar Tage vorher online nach, ob die aktuellen Ausstellungen Ihren Geschmack treffen.

*18:00*

Bevor der Tag seinen Höhepunkt erreicht, steht Ihnen ein weiteres, kulinarisches Highlight New York Citys bevor. Mit der Subway-Linie F von Delancey St/Essex St Station fährt man eine Viertelstunde bis 42 St-Bryant Park Station. Von hier aus ist es nur einen Steinwurf bis zum Times Square, dem Broadway und dem Charlie Palmer at the Knick. Dieses Restaurant interpretiert die amerikanische Küche auf moderne Art und bietet dabei einen umwerfenden Blick auf die gigantischen Reklametafeln des Times Square. Eine Reservierung kann je nach Wochentag nicht schaden.

Die Cocktailkarte des Hauses lohnt immer einen Blick und da Sie von dort aus nur 5 Minuten zu Fuß zu Ihrem nächsten Ziel laufen, können Sie die Zeit dort maximal ausnutzen.

*20:00*

Vom Charlie Palmer at the Knick biegen Sie auf W 42nd St nach Nordwesten Richtung Broadway und laufen 4 Minuten einfach nur geradeaus den Times Square hoch. Bei Dunkelheit entfaltet sich der ganze Zauber des Times Squares und auch, wenn es dort mitunter ziemlich voll werden kann, da Sie ohnehin nur ein kurzes Stück spazieren müssen, genießt sich der Anblick gleich viel entspannter.

Ganz gleich, ob man Musical-Fan ist oder nicht. In New York City muss man sich eine Aufführung auf dem Broadway ansehen. Warum? Die Amerikaner leben Musicals und Schauspiel im Allgemeinen mit einer anderen Tragweite, als es bei den meisten Nationen üblich ist. Egal, ob am Off-Off-Broadway oder zur Prime Time im Minskoff Theater, die Akteure geben immer 110 % und haben eine Art an sich, die jede Vorstellung zu einem Highlight macht.

Ich habe mir den König der Löwen sowohl in Deutschland als Musical angesehen als auch mehrere Male auf dem Broadway. Auch wenn ich die

Lieder auf Englisch nur bedingt mitsingen konnte, war die Show in einer ganz anderen Klasse als die deutsche Aufführung und bei Weitem berührender. Tipp: Wenn Sie sich die Tickets unter der Woche kaufen, kosten sie in der Regel wesentlich weniger. Einen weiteren Spar-Tipp dazu finden Sie unter dem Kapitel New York on a budget – Geldsparen leicht gemacht.

*23:00*

Wenn Sie jetzt noch genug Energie haben, um New York Citys Nachtleben zu erkunden, lässt sich das wohl kaum irgendwo besser machen als auf einer der berühmten Partys des McKittrick Hotels. Um dort hinzukommen, nehmen Sie sich am besten eins von den unzähligen Taxis, die um den Times Square verteilt zu finden sind. Mit dem Taxi brauchen Sie 10 Minuten zum McKittrick Hotel und für die kurze Strecke bezahlt man zu zweit gerade einmal 10 Dollar. Das Hotel ist bekannt für seine extravaganten Partys.

Hier wird nicht nur getrunken und getanzt. Die Veranstalter haben es sich zur Aufgabe gemacht, jedes Event exklusiv und einzigartig zu gestalten.

Livetänzer, Schauspiel, Maskeraden, die Partys sind genauso laut, bunt und wild wie man es sich vorstellt in der Stadt, die niemals schläft und ein perfekter Abschluss für einen fantastischen Tag.

Tipp: Sichern Sie sich im Idealfall rechtzeitig Tickets. (www.mckittrickhotel.com/events)

# Reisehighlights in Jahreszeiten

Ein Besuch in New York City lohnt sich zu jeder Jahreszeit. Trotzdem gibt es saisonale Highlights, die man im Hinterkopf behalten sollte. Wichtig zu wissen ist auch, dass New York City im Vergleich zu Deutschland mit den Jahreszeiten circa 6 Wochen hinterherhängt. So beginnt der Frühling mit den wunderschön blühenden Parks und milderen Temperaturen langsam im April, wohingegen man bis Mitte Oktober durchaus noch mehr als angenehme Temperaturen erwarten kann und die New Yorker oft noch im T-Shirt draußen sieht. Auch, wenn die Wintermonate in New York zuverlässig sehr kalt sind und man hier fest mit Schneefall rechnen kann, gibt es zu jeder Jahreszeit mehr als genug zu tun und zu sehen.

## Im Frühling

Sobald die Temperaturen draußen endlich wieder etwas nach oben gehen, verlagert sich der Lebensschwerpunkt der New Yorker nach draußen. Das passiert mitunter auch direkt am ersten schönen Frühlingstag, da die Locals aufgrund der hohen Mieten eher in kleinen Wohnungen leben und sich deswegen über die Beinfreiheit freuen. Der Frühling bietet einiges an Highlights, die man bei einem Besuch fest einplanen sollte.

Beispielsweise findet im Frühling der Time Out Market in Dumbo am Brooklyn Bridge Park statt. Ganz unter dem Thema Food Market fahren 20 Vendors, 2 Bars, ein Roof-Top und 4 Restaurants die verschiedensten Leckereien auf. Egal, ob Frühstück, Mittag, Abendessen oder gleich einen Ganz-Tages-Ausflug in Verbindung mit Spaziergängen durch

Brooklyn, hier kommt zusammen, was zusammengehört. Time Out Market, 55 Water Street, Brooklyn

Ein weiterer Punkt auf der To-do-Liste sollte das Kirschblütenfestival in Brooklyns botanischem Garten sein. Rund um die riesigen Grünflächen voller blühender Kirschbäume finden hier auch Schlagzeug-Gigs, Samurai-Schwertkämpfe, J-Rock Bands und Stand-Ups statt. Brooklyn Botanical Garden, 990 Washington Ave, Brooklyn.

**Im Sommer**

Der Sommer ist das Epizentrum des Lebens in New York City. Egal, wohin man sieht, die Stadt ist vollgepackt mit spannenden und teilweise kostenlosen Events. Jeder der 5 Stadtteile ist dabei vertreten. Besonders in den Parks kann man jetzt fast täglich an großartigen, meist kostenlosen Events teilnehmen.

So wird im Central Park zum Beispiel Shakespeare in the Park aufgeführt. Sichern Sie sich am besten rechtzeitig einen guten Platz im Delacorte Theater und genießen Sie die Show. Zudem finden unter dem Namen Concerts in the Park regelmäßig Konzerte statt. Von bekannten Rock- und Pop-Bands über Klassik von dem berühmten New York Philharmonic Orchestra ist alles dabei. Hier lohnt es sich, schon am Nachmittag in den Park zu kommen und sich einen Platz auf der Wiese zu sichern. Die Veranstaltungen sind immer sehr gut besucht und bieten ein einmaliges, atmosphärisches Erlebnis. Doch nicht nur für die Ohren wird im Sommer einiges geboten: Auch die Food Trucks und Food-Festivals feiern jetzt ihre Hauptsaison und stehen jetzt wieder an jeder Ecke.

Im Allgemeinen bietet sich diese Jahreszeit perfekt an, um New York leicht bekleidet zu erkunden, durch die Straßen der Stadt zu wandern oder die Zoos zu besuchen und bei benötigter Abkühlung entweder einen der vielen öffentlichen Pools oder die Strände in der Bronx, Brooklyn, Queens oder auf Staten Island aufzusuchen. Auch kann man in den heißeren Monaten in New York City immens viel Geld sparen, wie in dem Kapitel New York City on a budget – Geldsparen leicht gemacht erwähnt.

### Im Herbst

Im Gegensatz zum unangenehm nasskalten Herbst in Deutschland ist der Herbst in New York City golden und geprägt von angenehmen Temperaturen bis zum Dezember. Besonders genießen kann man die Vorzüge dieser Jahreszeit in den Parks der Stadt. Die

Bäume erstrahlen in den schönsten Farbnuancen und bieten so die perfekte Kulisse für Urlaubsfotos. Auch, wenn der Central Park zu jeder Jahreszeit schön aussieht, so hat man im Herbst den großen Vorteil, dass man an jeder Ecke in meterhohe Laubhaufen springen kann.

Idealerweise nimmt man sich für die Erkundungstour ein Fahrrad. Das macht im Central Park besonders Spaß, da man nur in eine Richtung fahren kann und keine Autos im Park erlaubt sind. Empfehlenswert ist ein Besuch bei den Strawberry Fields, welche in Erinnerung an John Lennon aufgebaut wurden.

Für eine spektakuläre Vogel-Perspektive über die goldenen Bäume bietet sich ein Helikopter-Rundflug über New York City an. Dieses Erlebnis ist zwar etwas kostspieliger, aber jeden Cent wert. Sie können zwischen diversen Flugzeiten wählen, sodass trotzdem für jedes Budget etwas dabei sein sollte.

Reservieren Sie Ihren Flug am besten rechtzeitig, da dieses Event sehr beliebt ist. Neben dem Central Park sieht man so auch noch etliche andere Sehenswürdigkeiten der Stadt. Insbesondere am

Nachmittag lohnt sich ein Flug, da alles wunderschön golden erstrahlt. Auch für Sportbegeisterte bietet der Herbst einiges. Hier startet die NBA-Saison. Für das ultimative Erlebnis besorgt man sich am besten ein Ticket für die New York Knicks. Die Spiele der Knicks finden im legendären Madison Square Garden statt. Selbst ohne Basketball ist diese Arena eindrucksvoll.

Neben Sportveranstaltungen wird diese Halle regelmäßig von Superstars wie Eminem, Beyoncé, Justin Bieber und Guns N Roses ausverkauft. Und was wäre ein Besuch in der aufregendsten Stadt Amerikas, ohne eine Sportveranstaltung mit einem Hot Dog in der Hand live mitverfolgt zu haben? Tickets gibt es für jede Preisklasse. Halten Sie unbedingt Ausschau nach Prominenten, welche meist von den ersten Reihen aus mitjubeln.

**Im Winter**

Während der Herbst noch angenehm sommerliche Temperaturen bereithält, ist der Winter im Big Apple zuverlässig frostig. Das unterstreicht die schöne Stimmung zu dieser Jahreszeit allerdings nur noch mehr. Eine Eigenschaft der Amerikaner, die man entweder schön oder anstrengend finden kann, ist, dass Sie einen Hang zum Kitsch und Überfluss haben. So kann man sich dem Thema Weihnachten zu dieser Zeit nicht entziehen. Überall gibt es Weihnachtsmärkte, Tannenbäume, Ballonfiguren, pompös gestaltete Schaufenster, Lichtshows und Musik. Der Weihnachtsbaum vor dem Rockefeller Center ist dabei das Highlight des Schauspiels und ein beliebter Touristenmagnet.

Mit der feierlichen Beleuchtung des Baumes wird in New York City offiziell die Weihnachtszeit eingeläutet. In der Regel wird dieses Event immer in der ersten Dezemberwoche geplant. Der Besuch ist kostenlos, allerdings sollten Sie sich schon einige Stunden vor Beginn einen guten Platz sichern, um etwas von dem Spektakel sehen zu können.
(5th Avenue zwischen der 49th und 50th Street)

Wer sich die Stadt bei Schnee einmal von oben ansehen möchte, kann sich entweder auf die freie Aussichtsplattform des Top of the Rock stellen (Achtung: warm anziehen!) oder einen 360-Grad-Blick auf der One World Observatory-Plattform des One World Trade Centers genießen.

Wer nicht nur nach einem schönen Ausblick, sondern auch nach leckeren Drinks sucht, der kann in der Rooftop-Bar Upstairs at the Kimberly Hotel beides haben. Diese Bar erstreckt sich auf drei kompletten Ebenen und bietet neben dem stylischen Interior eine besonders gute Cocktailkarte. Hier trinkt man hoch über den Wolken, inmitten von einem Ambiente, was eher an ein übergroßes Wohnzimmer erinnert als an eine Bar.

Außerdem bietet diese Rooftop-Bar wie die Aussichtsplattform des One World Observatory einen 360-Grad-Panorama-Ausblick. Von hier aus schaut man direkt auf eines der schönsten Gebäude der Stadt: das Chrysler Building. Auch das Essen ist eine Klasse für sich. Da das Ambiente und die Küche hier eher gehoben sind, sollte auf einen vernünftigen Dresscode geachtet werden. Mit Basecap und Flip-Flops sollte man im Upstairs at the Kimberly Hotel nicht aufschlagen. (145 E 50th Street)

Wer sich einmal einen Eindruck davon verschaffen möchte, wie die New Yorker zu Weihnachten ihre Häuser schmücken, sollte nach Dyker Heights in Brooklyn fahren. Die Bewohner fahren beim Dekorieren die schweren Geschütze auf und beauftragen teilweise sogar Firmen, um das schönste Haus der Straße zu präsentieren. Es lohnt sich also, eine

Kamera einzupacken.

Wer nach einem erstklassigen Event zu Weihnachten sucht, sollte sich ein Ticket für das Radio City Christmas Spectacular sichern. Die Show wird aufgeführt in der Radio City Music Hall, was ebenfalls ein Must See beim ersten Besuch im Big Apple sein sollte. Die Tickets sind zwar nicht sehr günstig, aber das ist im Dezember ohnehin nichts in New York City. Die Show steht ganz unter dem Thema "Weihnachten" und beinhaltet über 140 Tänzer, welche als Santa Claus, Elfen und Nussknacker verkleidet sind. Performt wird vor einem wahren Winterwunderland. Die Show findet jedes Jahr von November bis Januar statt.

Wer über Silvester und Neujahr im Big Apple bleibt, kann sich an zahllosen Silvesterpartys in Clubs und Rooftop-Bars erfreuen. Auch eine kleine Kreuzfahrt auf dem Hudson River kann man buchen und so mit einem einmaligen Erlebnis ins neue Jahr starten. Im Vergleich zu Deutschland, wird in New York City nicht geböllert. Auch Raketen sind verboten. Dafür machen die bunten Lichter am Times Square alles wett. Hier findet jedes Jahr traditionell der Ball Drop statt. Dieses Event lockt tausende

Touristen und auch Locals an. Allerdings sollte man schon früh morgens einen Platz reservieren, was bei den Temperaturen nicht sonderlich angenehm ist. Auch schon vor dem Ball Drop um Mitternacht verwandelt sich der Times Square in eine einzige, wilde Party und es kann zur Musik weltbekannter Stars getanzt werden, welche an diesem Abend live performen. Wichtig zu wissen ist, dass öffentliches Konsumieren von Alkohol im Staat New York verboten ist und die New Yorker Polizei diese Regel sehr ernst nimmt. In Partystimmung kommt man aber auch ohne Alkohol zwischen all den Stars und feiernden Menschen und um auf die Toilette zu gehen, kann man seinen Platz ohnehin nicht verlassen, ohne ihn aufgeben zu müssen.

Um zum Ball Drop zu gelangen, gehen Sie am besten zur 42nd Street und halten sich etwas südlich der Kreuzung zum Broadway und der 7th Avenue.

# Ein offener Liebesbrief

Ich bin fest der Überzeugung, dass sich jeder Mensch an den Moment erinnert, in dem er das erste Mal einen Fuß in diese schillernde Metropole gesetzt hat. Vor allem für Menschen, die nicht aus der Großstadt kommen, kann es ziemlich überfordernd sein, auf einmal inmitten dieser riesigen Wolkenkratzer, hupenden Autos, Sirenen und hektischen Menschen zu stehen. New York City ist ein leuchtender, lauter Schwall an Überforderung. Was jetzt vielleicht sehr abschreckend klingt, ist genau der Grund, warum mich die Stadt nach Jahrzehnten immer noch so fasziniert.

Niemand kommt hier her und will mit all dem Trouble nichts zu tun haben. Viel mehr verströmt die Stadt einen Sog, dem man sofort erliegt. Man möchte sich mitreißen lassen, der Hektik kurz nachgeben, um dann entweder in einem der wunderschönen Parks oder auf einer Rooftop-Bar zur Ruhe zu kommen und den anderen Menschen beim hektisch sein zusehen. Die Stadt bietet alles, was man sich erträumen kann und mehr. Hier kann sich jeder, der sich traut, bei allem ausprobieren. Man könnte hier einen Stand mit karibisch-deutscher Küche aufmachen und die Locals würden keine Miene verziehen und vielleicht sogar einmal probieren, bevor sie das Konzept in die Tonne treten würden. Der Big Apple ist nicht ohne Grund der Laufsteg der großen Träumer. Auch, wenn das nicht bedeutet, dass jeder hier Karriere machen kann. Ganz im Gegenteil. Aber die Chance für die Umsetzung der verrücktesten Träume bekommt man hier.

New York City lebt Kontraste. Zwischen den Giganten aus Beton erstrecken sich unzählige grüne Parks, welche sowohl von Locals als auch Touristen zum Entspannen genutzt werden. Diese Parks wurden so gründlich durchdacht und ausgefeilt, dass man neben schlichten Bänken ganze Zoos, Skateparks, Free Trails für Mountain Bikes, Seen zum Kajak fahren und Restaurants findet.

Die Stadt vereint sowohl Romantik als auch Direktheit, Schönheit und Grobheit. Wo sonst weiß man nicht, was man unternehmen soll, weil es einfach zu viele Möglichkeiten gibt?

New York City ist für alle, die ein bisschen mehr von allem möchten. Für alle, die sich überwältigen und beeindrucken lassen wollen und die bereit sind, die Messlatte für künftige Reisen etwas höher zu legen. Hier balanciert das Leben zwischen Glitzer und Dreck und der Wall Street mit ihren reichen Brokern und den aufstrebenden Arbeitervierteln. Nirgendwo kann man so gut in der Masse verschwinden und wünscht sich zeitgleich, so sehr herauszustechen wie hier. Der Gedanke, dass man es geschafft hat, wenn man es hier geschafft hat, entspringt wohl dem Wunsch, irgendwie Ordnung in dieses pulsierende

Chaos zu bringen und sich über diese ungezähmte Wucht hinwegzusetzen. Aber selbst, wenn das nicht gelingt, berührt einen diese Stadt im Herzen. Einmal hier gewesen, kommt man nicht mehr über New York City hinweg.

Glücklicherweise möchte man das dann auch gar nicht mehr.

# Packliste

## Geld & Finanzen

O (evtl.) Auslandswährung
O Bargeld
O Bauchtasche
O Brustbeutel
O Bauchtasche
O EC-Karte
O Kreditkarte
O Notfall-Telefonnummern der Banken
O Portmonee

## Hygiene

O Haarbürste / Kamm
O Deo (klein)
O Shampoo
O Kulturtasche
O Sonnencreme
O Taschentücher

O Reise-Zahnbürste und Zahnpasta
O Verhütungsmittel

## Kleidung

O Badeklamotten
O Gürtel
O Hosen kurz / lang
O Mütze / Cap / Hut
O Pullover
O Regenjacke
O Schlafanzug
O Socken
O Sonnenbrille
O Sportklamotten / Jogginghose
O T-Shirts
O Unterwäsche

## Medikamente

O Blasenpflaster
O Anti-Durchfalltabletten
O Erste-Hilfe-Set

O Fiebertabletten

O Fiebertabletten

O Mückenschutz

O sonstige Medikamente

O Pflaster

O Kopfschmerztabletten


## Unterlagen & Papiere

O ADAC Unterlagen

O Adresslisten für Postkarten

O Krankversicherungsnachweis

O Stadtplan

O Führerschein

O Unterlagen für die Unterkunft

O Wasserdichte Hülle für Reiseunterlagen

O Impfausweis

O Mietwagenunterlagen

O Personalausweis

O Reisepass

O Reisetagebuch

O evtl. Studentenausweis

O evtl. Visum
O Zug- / Bahn- / Flugticket

## Taschen & Rucksäcke

O Koffer / Trolley / Reisetasche
O Regenhülle für Rucksack
O Rucksack

## Schuhe

O Badeschlappen / Hausschuhe
O Schuhe und Wechselschuhe

## Sonstiges

O Brille / Kontaktlinsen und Etui
O Buch zum Lesen
O Ohrenstöpsel und Schlafmaske
O Regenschirm
O Reisedecke
O Wasserflasche
O Wörterbuch

## Elektronik

O Digitalkamera
O Handy
O Ladekabel
O Kopfhörer
O evtl. Steckdosenadapter
O Power-Bank

Herstellung und Verlag:
BoD – Books on Demand, Norderstedt
ISBN: 9783750496460